AF402686

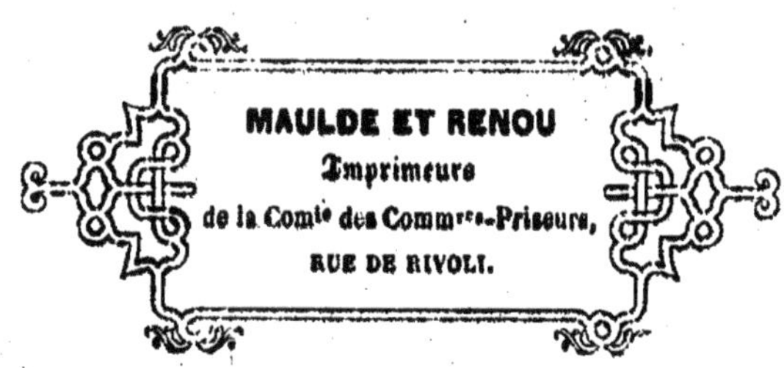

MAULDE ET RENOU

Imprimeurs

de la Comᵗᵉ des Commʳˢ-Priseurs,

RUE DE RIVOLI.

CATALOGUE

DES

TABLEAUX

ESQUISSES, DESSINS & CROQUIS,

DE

M. DECAMPS,

ET DES

TABLEAUX PAR DIVERS MAITRES

ARMES, COSTUMES, MEUBLES, OBJETS D'ART ET DE CURIOSITÉ,

Composant son Atelier.

CATALOGUE

DES

TABLEAUX

ESQUISSES, DESSINS & CROQUIS,

de M. DECAMPS,

ET DES

TABLEAUX PAR DIVERS MAITRES,

ARMES, COSTUMES, MEUBLES, OBJETS D'ART ET DE CURIOSITÉ,

Qui composaient son Atelier,

DONT LA VENTE AUX ENCHÈRES PUBLIQUES AURA LIEU,

HOTEL DES VENTES MOBILIÈRES,

RUE DES JEUNEURS, N. 42,

LES JEUDI 21, VENDREDI 22 ET SAMEDI 23 AVRIL 1853,

HEURE DE MIDI.

Par le ministère de Me **RIDEL**, Commissaire-Priseur,
rue Saint-Honoré, 335,

Assisté de M. **FRANCIS PETIT**, Appréciateur,
boulevart Poissonnière, 24.

EXPOSITION PUBLIQUE

Le Mercredi 20 Avril 1853, veille de la vente.

PARIS

MAULDE ET RENOU

IMPRIMEURS DE LA COMPAGNIE DES COMMISSAIRES-PRISEURS,
Rue de Rivoli.

1853

CONDITIONS DE LA VENTE.

Les acquéreurs paieront, en sus des adjudications, cinq pour cent applicables aux frais.

DÉSIGNATION

DES TABLEAUX

DE M. DECAMPS

1 — Josué. — Grand tableau inachevé. 8500 *Ymer, peintre*

2 — Bûcheronne. Effet d'hiver, dito. 4000 *Mirès*

3 — Polyphème. — Ebauche.

Thénard 7020 4 — Job et ses amis. — Inachevé. *Commandé par le marquis Maison*

⋙⋘ ⟡⟡⟡ ⋙⋘

Duchatel 4950 5 — Intérieur de cour rustique.

⋙⋘ ⟡⟡⟡ ⋙⋘

Moreau 3120 6 — Sortie d'une école en Turquie. — Inachevé.

Commandé par le marquis Maison

⋙⋘ ⟡⟡⟡ ⋙⋘

Gaillard 3700 7 — Plage, femme de pêcheur rapportant le poisson.

⋙⋘ ⟡⟡⟡ ⋙⋘

d'Hertford 4500 8 — Pifferaro. — Paysage.

⋙⋘ ⟡⟡⟡ ⋙⋘

Jan 3650 9 — Petite fille gardant des porcs.

⋙⋘ ⟡⟡⟡ ⋙⋘

St-Michel 4200 10 — Chercheurs de truffes.

11 — La Samaritaine. — Esquisse.

12 — Paysage.

13 — Relais de chiens. — Esquisse. 2750 André

14 — Soleil couchant, marine. — Ebauche.

15 — La Pêche miraculeuse. dito. 4000 Fau

16 — Café turc. 3500 Rothschild

17 — Intérieur d'église. 1900 à Lehmann

2900 **18** — Maison turque sur un lac. — Esquisse.

De Beaulieu

——⋘⋇⋐⊖⊖⋑⋇⋙——

1000 **19** — Une mare dans le bois. — Étude.

de Beaulieu

——⋘⋇⋐⊖⊖⋑⋇⋙——

1050 **20** — Un Charlatan. — Esquisse.

Damour

——⋘⋇⋐⊖⊖⋑⋇⋙——

2100 **21** — Don Quichotte. — Ebauche.

Stevens

——⋘⋇⋐⊖⊖⋑⋇⋙——

2600 **22** — Femme italienne dans une chapelle.

Jacques Thibaudeau

——⋘⋇⋐⊖⊖⋑⋇⋙——

1250 **23** — Fuite de Loth. — Esquisse.

Lehmann

——⋘⋇⋐⊖⊖⋑⋇⋙——

430 **24** — Deux petits médaillons. — Paysages.

Couttaup

25 — Offrande à Pan — Inachevé.

26 — Petit paysage. — Genre de Huismann.

27 — Capucins et Enfants italiens.

PAR DIVERS.

CHARDIN.

28 — Nature morte.

COROT.

29 — Paysage.

DESBAROLLES.

30 — Vue de Venise.

GUIGNET (Adrien.)

31 — Paysage avec figures.

GRÉSY.

32 — Paysage.

CICERI (E.)

33 — Trois études de paysage.

LAINÉ.

34 — Descente de Croix. — Esquisse.
35 — Copie du Christ au tombeau du Titien.
(Avant la restauration du tableau.)

JADIN.

2oo   **36 —** Copie des Noces de Cana.

3 7   **37 —**   Id.   d'après Pierre de Hoog.

4 5   **38 —**   Id.   d'après Huismans de Malines.

5 3   **39 —**   Id.   d'après Ruysdael.

1 6   **40 —**   Id.   d'après Everding.

1 5   **41 —**   Id.   du Soleil levant. De Rubens

BISSON.

1 5   **42 —** Copie du martyre de saint Barthélemy. De Ribera.

5 8   **43 —**   Id.   de Murillo. Portrait.

3 2   **44 —**   Id.   de la Pêche miraculeuse, de Jouvenet.

4 2   **45 —**   Id.   de l'Antiope, du Corrège.

1 0   **46 —**   Id.   de Moïse. — Esquise.

3 6   **47 —**   Id.   de la fuite de Loth, de Rubens.

3 1   **48 —**   Id.   des Bergers d'Arcadie, du Poussin.

CABAT.

1 4 5   **49 —**   Id.   d'après Cuyp.

DUVIEUX.

50 — Calf.   *20*

POTERLET.

51 — Copie du Festin d'Emaüs   *50*

52 —   Id.   du Bon Samaritain, d'après Rembrandt.   *55*

———————

53 — Copie du saint Sébastien, de Giorgion.   *24*

54 —   Id.   de la Vierge au Lapin, de Titien.   *47*

55 —   Id.   du portrait d'Alph. d'Avalos et sa mai-   *128*

tresse, d'après le Titien.

56 — Copie de Tobie, de Rembrandt. — Esquisse.   *96*

57 —   Id.   du saint Jérôme, du Titien.

58 —   Id.   d'une bacchanale, d'après le Poussin.   *24*

59 —   Id.   d'un Intérieur, d'après Rembrandt.   *90*

60 —   Id.   du Pouilleux, de Murillo.   *50*

BELLANGÉ.

61 — La mort du Camarade. — Dessin.   *80*

PAPETY.

62 — Copie à l'aquarelle, de l'Annibal Carrache, du   *375*

musée de Marseille.

BONINGTON.

130   63 — Vue de Suisse — Sépia.

DEVERIA.

33   64 — Odalisque. — Sepia.

WATTEAU.

65 — Croquis.

DÉSIGNATION

DES COSTUMES.

~~~~~~~

65 bis — Costume de femme mauresque, culotte, babouches, etc., etc.

66 — Pelisse kourde, coiffure syrienne, manteau valencien, deux écharpes, une veste turque.

67 — Écharpe tunisienne.

68 — Diverses pièces de costumes italiens.

69 — Costume albanais (complet).

70 — Autre costume, or et argent.

71 — Machelak, un bournous.

72 — Costume de mauresque, veste, caleçon, ceinture et chemise.

73 — Echarpe et riche coiffure arabe.

74 — Costume chinois Mandarin militaire, robe, caleçon, bonnet, souliers, jambiers et ceinture.
~~~~~~~

Lehmann 255   **75** — Riche portière en soie brochée d'or de brousse.

id. 30   **76** — Deux ceintures, un turban.

girardot 95   **77** — Costume de femme juive d'Orient avec le sarma en argent, coiffure brochée d'or.

Zammamine 20   **78** — Costume de bedouine (complet).

Dur.Anel 70   **79** — Chemise et caleçon de soie.

20   **80** — Deux vestes turques, dont une de femme, une chemise de soie et une ceinture de mousseline brodé.

Lehmann 42   **81** — Une veste, un caleçon, une paire de babouches turques pour femme.

42   **82** — Robe de femme égyptienne avec le voile, chemise de fellah et babouches.

28   **83** — Les objets omis au catalogue seront vendus sous ce numéro.

DEUXIÈME VACATION

DÉSIGNATION

DES DESSINS

84 — Josué arrêtant le soleil (grand carton) et dessin de l'ensemble.

85 — Samson, réduction des neufs dessins exposés en 1845.

86 — Vue d'Italie.

87 — Moines en voyage

88 — Paysage. — Etude.

89 — Vue d'Italie.

90 — Sainte Famille.

91 — Paysan italien. — Mine de plomb.

92 — Intérieur d'un cabaret. — Sépia.

93 — Paysage. — Etude.

63 94 — Marchand de poissons de Marseille.

105 95 — Vue d'Italie.

80 96 — Etude de femme. — Croquis.

33 97 — Serrurier. — Fusin.

Petit 181 98 — Vue d'Italie.

122 99 — Première pensée du supplice du crochet.

100 — Bohémiens. — Aquarelle.

Petit 230 101 — Forêt de Fontainebleau. — Fusin.

51 102 —   dito   dito.   Etude.

Beugniet 175 103 — Ruines, environs de Rome.

Tourneminne 122 104 — Deux études de paysage.

105 — Rochers.

133 106 — Intérieur d'une caverne.

Couteaux 236 107 — Deux études. Bûcheronne et rochers.

35 108 — Forêt de Fontainebleau. — Etude.

Asseline 195 109 — Arabe portant un enfant.

80 110 — Villa d'Italie. — Croquis.

100 111 — Forêt de Fontainebleau.

65 112 —   dito   dito.

113 — Vue d'Afrique.

157 114 — Grotte.

95 115 — Première pensée du Christ au prétoire.

33 116 — Forêt de Fontainebleau.

117 — Croquis au fusin.

118 — Villa en Italie.

119 — Saint Jean dans le désert. — Mine de plomb.

120 — Paysan italien.   dito

121 — Entrée d'une grotte. — Fusin rehaussé.

122 — Paysage et animaux. Aquarelle.

123 — Plusieurs croquis.

124 — Vieille femme portant un fagot. — Pastel.

125 — Soldat. — Sépia.

126 — Dessin fait en Italie.

127 — Croquis.

128 — Singes musiciens. — Fusin.

129 — Arabe.

130 — Vue d'Italie.

131 —   dito.

132 — Ecole turque. — Grand dessin.

133 — Embuscade de Bedouins. — Esquisse.

134 — Vue d'Italie. — Dessin.

135 — Effet pris dans les Dunes.

136 — Village d'Italie.

137 — Paysage. — Mine de plomb.

138 — Femme de Cayeux. — Dessin rehaussé.

139 — Entrée d'une grotte.

140 — Café maure.

141 — Forêt de Fontainebleau.

142 — Entrée de Christ à Jérusalem.

75 143 — Femme catalane portant un enfant.

144 — Josué arrêtant le soleil. — Grand dessin.

Cercle des arts 750 115 — Vue d'Italie. — Grand dessin.

Ferincau 195 146 — Bûcherone au repos.

Moreau 1285 147 — Christ au prétoire.

43 148 — Retour des bûcherons.

42 149 — Paysage d'Italie.

112 150 — Deux paysages.

C.te Lehon 335 151 — Paysage, soldats conduisant un prisonnier.

152 — Grotte dans la forêt de Fontainebleau.

95 153 — Forêt de Fontainebleau.

154 — Fusin.

155 — dito.

Petit 486 156 — Un lavoir.

26 157 — Etude. — Pastel.

33 158 — dito   dito.

25 159 — Deux études. — Pastel.

42 160 — Chasseur. — Croquis sépia.

Lehon 250 161 — Diogène.

Petit 185 162 — Vue d'Italie.

163 — Forêt de Fontainebleau.

99 164 — Un Grec. — Etude.

165 — Forêt. — Pastel.

Meaulle 141 166 — Intérieur de cour.

83 167 — Femme de pêcheur.

168 — Bord de rivière.

169 — Samson au Lion.

170 — Chien basset. — Sépia.

171 — Intérieur de cour.

172 — Femmes de pêcheurs.

173 — Forêt. Pastel.

174 — Forêt. Pastel.

175 — Plusieurs dessins. Etudes au crayon rouge.

176 — Deux dessins, paysage et bûcherons.

177 — Etude de forêt.

178 — Bohémiens.

179 — Polyphème.

180 — Paysagiste et rochers.

181 — Vieille et ses servantes.

182 — Dessin pour le tableau de la danse albanaise.

183 — Croquis d'Italie.

184 — Forêt de Fontainebleau.

185 — Forêt   d°.

186 — Forêt   d°.

187 — Pêcheur. Dessin rehaussé.

188 — Forêt de Fontainebleau.

189 — Forêt   d°.

190 — Forêt   d°.

191 — Les objets omis au Catalogue seront vendus
      sous ce numéro.

TROISIÈME VACATION.

ARMES DIVERSES.

192 — Un fusil kabyle à capucines d'argent, et son étui.

193 — Autre fusil de chef, incrusté avec demi-étui et mesure à charger.

194 — Fusil albanais, garniture d'argent.

195 — Fusil anglais à canons superposés.

196 — Carabine navaraise.

197 — Carabine de chasse à silex.

198 — Carabine à piston.

199 — Canardière garnie en argent, époque Louis XIV.

200 — Canardière anglaise, à rouet, mesure de charge et clé, époque de Charles Ier.

Gamba 181 **201** — Joli fusil de dame, à rouet et une petite poire à poudre du temps, époque de François Ier.

D'Auteuil 110 **202** — Arquebuse allemande, incrustée de cuivre, à rouet, avec poire à poudre.

Moreau 315 **203** — Arquebuse à rouet, incrustée de nacre et d'ivoire, époque de Charles IX, avec po're à poudre et clé.

D'auteuil 101 **204** — Arquebuse allemande, à rouet, avec poire à poudre en ivoire.

Becker 95 **205** — Arquebuse à rouet, garnie d'ivoire gravé.

D'auteuil 50 **206** — Arbalète de chasse avec ivoire gravé.

Gamba 40 **207** — Autre arbalète italienne, propre à lancer des balles.

Vervin 76 **208** — Arbalète de rempart, avec un casque.

Salmon 85 **208 bis** — Autre arbalète garnie de cuivre, avec un casque.

Moreau 198 **209** — Une paire de pistolets à rouet, époque de François Ier.

180 **210** — Une paire de pistolets albanais, garniture d'argent.

Gamba 49 **211** — Un pistolet à rouet et deux éperons anciens.

Moreau 345 **212** — Une paire de pistolets époque Louis XIV.

Riff 18 **213** — Une gaîne à pistolets.

Didier 99 **214** — Beau modèle de canon, époque Louis XIV.

Foussereau 41 **215** — Modèles de pièces à pivot et de mortier.

216 — Modèle de canon.

217 — D° de fourgon.

218 — Pièce de rempart, modèle anglais.

219 — Autre pièce, ancien modèle.

220 — Forge et tombereau, jolis modèles.

221 — Petit modèle de canon, système de l'Empire.

222 — Yatagan grec, fourreau d'argent avec chaîne.

223 — Yatagan de Tunis.

224 — Un beau yatagan, ancien fourreau d'argent.

225 — Petit yatagan grec et poignard de Mameluch.

226 — Poignard circassien.

227 — Poignard, lame indienne.

228 — Autre poignard.

229 — Poignard à manche en vache marine.

230 — Petit poignard de femme.

231 — Joli couteau de femme, avec virole d'or et fourreau en vermeil.

232 — Couteau turc, poignée en jade.

233 — Autre couteau turc.

234 — Couteau de chasse, époque de Louis XV.

235 — Cric malais et coutelas indien.

236 — Kandgiard persan.

237 — Sabre de Mameluck.

238 — Sabre persan. Belle et excellente lame.

239 — Beau sabre turc.

Jachet 70 **240** — Autre sabre turc.

Davin 32 **241** — Sabre de Mameluck.

Malinet 18 **242** — Sabre de cavalerie. Casque et cuirasse.

17 **243** — Épée de chevalier, très ancienne.

Thénard 41 **244** — Grande épée norwégienne.

do 131 **245** — Deux grandes épées.

Cointet 115 **246** — Épée, acier ciselé, époque Louis XV.

247 — Épée écossaise, gantelet.

Thénard 34 **248** — Une hallebarde.

Lanoue 60 **249** — Cotte de maille et deux vieux casques.

11 **250** — Beaux étriers turcs et étriers Tartares.

251 — Selle turque.

Gerardot 360 **252** — Bride turque en soie, avec son mors argenté.

Berger 60 **253** — Housse persanne brodée.

254 — Camail doré, caparaçon, étriers.

255 — Une cartouchière et sabre.

MEUBLES ET OBJETS D'ART.

256 — Étagère en bois de rose, fermée de glaces et orné de cuivres dorés. *1150 Alibert*

257 — Meuble noir à tiroirs et portes. *90 Contéaux*

258 — Meuble noir à tiroirs et coffres. *142 Vincent*

259 — Étagère ancienne, en bois sculpté. *190 Ganod*

260 — Meuble en bois sculpté. *140 Bigle*

261 — Bureau ancien, incrusté de nacre. *305 Mage*

262 — Grande armoire vitrée. *115 Benoist*

263 — Autre armoire avec cuivres. *100 Appert*

264 — Petit guéridon à colonnes torses en bois sculpté. *25 Petit*

265 — Petit meuble de dame, avec flambeau à cre-maillères Louis XV. *61 Contéaux*

266 — Petite encoignure en laque de Chine, ornée de bronze. *310 Delaloge*

267 — Petit coffre à tiroir, incrusté. *31 Dupuytad*

268 — Un grand coffre chinois en laque. *53 Hardy*

269 — Coffre en bois sculpté et deux petits flambeaux, idem.

270 — Nécessaire de voyage, en vermeil.

271 — Une grande et bonne pendule Lou's XV, avec son support.

272 — Une pendule Louis XVI.

273 — Une pendule ancienne de cabinet.

274 — Une glace monture Louis XV.

275 — Une autre plus ancienne.

276 — Très beau miroir avec cadre en bois sculpté, époque Louis XIV.

277 — Une paire de candelabres, bronze doré.

278 — Vase étrusque.

279 — Vase ancien, orné de cuivre.

280 — Petit vase indien en bronze.

281 — Deux petits vases chinois, garnis en bronze.

282 — Deux vases chinois et leurs soucoupes.

283 — Deux autres vases.

284 — Deux vases garnis en bronze doré.

285 — Un vase chinois.

286 — Vase florentin avec plateau, xvie siècle.

287 — Vase chinois et un plateau.

288 — Beau vase chinois.

289 — Petit bassin arabe.

290 — Grand plat vénitien, et repoussé, ayant été argenté.

291 — Deux petits plats repoussés.

292 — Un autre plat plus grand, repoussé et argenté.

293 — Bassin sarrazin damasquiné.

294 — Gobelet du xvie siècle, en vermeil.

295 — Petit plateau Faenza.

296 — Deux plats de faïence indienne.

297 — Deux plats, porcelaine de l'Inde.

298 — Grand plat de porcelaine.

299 — Pot de Palissy, à surprise.

300 — Deux bouteilles, porcelaine chinoise.

301 — Deux autres idem, idem.

302 — Bouteille chinoise et socle en laque.

303 — Deux grands cornets chinois.

304 — Deux statuettes, flambeaux chinois.

305 — Deux tasses chinoises, avec leurs soucoupes.

306 — Deux cornets céladon craquelé avec supports dorés.

307 — Deux seaux en porcelaine Louis XVI.

308 — Un petit plateau et pot au lait, vieux Sèvres.

309 — Soupière et son plateau.

310 — Deux petites tasses et leurs supports en argent Egypte. [Deux autres supports Turcs dorés.

311 — Une tasse dorée et sa soucoupe.

312 — Amour de Bouchardon, biscuit.

313 — Deux figurines indiennes, terre cuite, et deux socles en marbre.

314 — Deux petites figurines indiennes en bronze, et deux petites colonnes en vert de mer.

315 — Deux levrettes en bronze, socles dorés.

316 — Encrier turc et Boule à parfum, damasquiné de l'Inde.

317 — Chaîne de femme allemande, en argent.

318 — Petit panier, filigrane d'argent.

319 — Deux anciens portraits sur velin, Jacques II, roi d'Écosse et son épouse, fille de Christian, roi de Danemarck.

320 — Un panneau en laque.

321 — Un éventail chinois.

322 — Un grand parapluie chinois, et cage chinoise.

323 — Les objets omis au Catalogue, seront vendus sous ce numéro.

Paris. — Maulde et Renou, Imprimeurs de la Compagnie des Commissaires-Priseurs, rue de Rivoli prolongée, au coin de la rue de l'Arbre-Sec.   9099